BEI GRIN MACHT SICH IHR WISSEN BEZAHLT

- Wir veröffentlichen Ihre Hausarbeit, Bachelor- und Masterarbeit

- Ihr eigenes eBook und Buch - weltweit in allen wichtigen Shops

- Verdienen Sie an jedem Verkauf

Jetzt bei www.GRIN.com hochladen
und kostenlos publizieren

Madleen Wendt

"Klavierstunde" von Gabriele Wohmann. Kurzgeschichtenanalyse

GRIN Verlag

Bibliografische Information der Deutschen Nationalbibliothek:

Die Deutsche Bibliothek verzeichnet diese Publikation in der Deutschen National-
bibliografie; detaillierte bibliografische Daten sind im Internet über http://dnb.d-
nb.de/ abrufbar.

Impressum:

Copyright © 2011 GRIN Verlag GmbH
Druck und Bindung: Books on Demand GmbH, Norderstedt Germany
ISBN: 978-3-656-58072-0

Dieses Buch bei GRIN:

http://www.grin.com/de/e-book/267780/klavierstunde-von-gabriele-wohmann-
kurzgeschichtenanalyse

GRIN - Your knowledge has value

Der GRIN Verlag publiziert seit 1998 wissenschaftliche Arbeiten von Studenten, Hochschullehrern und anderen Akademikern als eBook und gedrucktes Buch. Die Verlagswebsite www.grin.com ist die ideale Plattform zur Veröffentlichung von Hausarbeiten, Abschlussarbeiten, wissenschaftlichen Aufsätzen, Dissertationen und Fachbüchern.

Besuchen Sie uns im Internet:

http://www.grin.com/

http://www.facebook.com/grincom

http://www.twitter.com/grin_com

Interpretation der Kurzgeschichte „Die Klavierstunde" von Gabriele Wohmann

Die Kurzgeschichte „Die Klavierstunde" von Gabriele Wohmann, erschienen 1966, handelt
von einem Klavierschüler und seiner Lehrerin, die beide nicht an der vereinbarten
Klavierstunde teilnehmen wollen, einen inneren Konflikt durchleben, sich aber letztendlich
doch dazu überwinden.

Die Kurzgeschichte setzt unvermittelt mit der Handlung ein, nämlich mit dem Klavierschüler,
der sich auf dem Weg zu seiner Klavierlehrerin befindet. Die Handlung steigert sich, bis die
Klavierlehrerin und der Schüler aufeinander treffen und endet mit dem Beginn der
Musikstunde.

Vorweg sei gesagt, dass Gabriele Wohmann beständig von der Sicht des Jungen zur Sicht der
Lehrerin wechselt, jedoch zunächst genauer auf den Inhalt der Erzählung eingegangen
werden:

Auf seinem Weg zur Klavierstunde fragt sich der Schüler immer wieder, ob es einen Sinn hat,
an der Stunde teilzunehmen, statt die Zeit für etwas Anderes zu nutzen. Er würde gerne seine
Notentasche loswerden, doch kann er sich nicht dazu durchringen. Der Klavierlehrerin ergeht
es ähnlich: Da sie Kopfschmerzen hat und sich nicht imstande fühlt, die Stunde abzuhalten,
fragt sie sich, ob sie sich krank melden solle. Beide können sich jedoch nicht dazu
überwinden, die Stunde wirklich ausfallen zu lassen. Es bleibt ihnen schließlich nichts
anderes übrig, als die Klavierstunde wahrzunehmen. Obwohl sie sich beide nicht sonderlich
sympathisch sind, klingelt der Junge, seine Lehrerin öffnet ihm, beide begrüßen sich höflich
und beginnen die Klavierstunde.

Erzähltechnisch fällt auf, dass die Kurzgeschichte im personalen Erzählstil verfasst ist und vor
allem, dass die Perspektive ständig von der Sicht des Schülers zu der der Lehrerin wechselt.
Parallel zur Handlungsfortführung, wechselt die Sichtweise des Erzählers in immer kürzeren
Abständen, was die Spannung wesentlich erhöht. Dem Höhepunkt entspricht die
Verschmelzung der Perspektiven beim Aufeinandertreffen der Lehrerin und dem Schüler.

In der sprachlichen Betrachtung stellt der Leser fest, dass die Sätze sehr kurz gefasst sind. Es
finden sich viele kurze Hauptsätze, die ohne Nebeninformationen zu übermitteln, allein
stehen. „Etwas Lebendigkeit kehrte in sie zurück". Des Öfteren bestehen Sätze auch nur aus
ein oder zwei Worten oder es fehlen entscheidende Satzglieder: „Sein Mund trocken vor
Angst". Dieses Mittel der Gestaltung nennt sich Ellipse. Durch das Auslassen von

entscheidenden Prädikaten oder Konjunktionen, wird der Eindruck der Knappheit verstärkt. Des Weiteren werden einige Personifikationen verwendet. Dies fällt direkt zu Beginn der Erzählung auf; so ist die Hitze beispielsweise „schläfrig". Außerdem ist die Erzählung mit vielen Anaphern versehen: „Er war allein, [...]. Er könnte es tun [...]. Er hielt still [...]. Er brauchte nicht [...]". Dies bewirkt, dass der Leser die Handlung oder mehr den inneren Monolog viel intensiver wahrnimmt. Entscheidende Repetitionen sind zwei zu nennen: Im Verlauf der Kurzgeschichte wiederholt der Klavierschüler fünf Mal die folgenden Gedanken: „Die Mappe loswerden. Einfach nicht hingehen". Auch die Gedanken der Lehrerin werden wiederholt: „Kopfschmerzen. Unerträgliche. Ihn wegschicken". Diese Wiederholungen tragen im Zusammenhang mit dem ständigen Perspektivenwechsel wesentlich zur Spannungssteigerung bei. Dass beide, Schüler und Lehrerin, einen ähnlich bruchstückhaften Satzbau verwenden, verdeutlicht, dass die beiden nicht nur beide keine Lust auf den Unterricht verspüren, sondern auch ähnlich denken, es aber nicht voneinander wissen. Kurz bevor die beiden aufeinander treffen und sich die Abstände der Perspektivenwechsel soweit verkürzt haben, wir die Ähnlichkeit der Gedanken in einem Parallelismus manifestiert: „Kopfschmerzen, unerträgliche. Wegschicken. Widerlicher kleiner Kerl. – Die Mappe loswerden, nicht hingehen. Widerliche alte Tante."

Ein entscheidendes Symbol, das für die Kernaussage des Textes steht ist der „glitzernde Zeiger des Metronoms", der „beharrlich und stumm" pendelt. Das Metronom steht hier für die Monotonie und Eintönigkeit der Klavierstunden.

Ein weiteres Objekt, das als Symbol verstanden werden kann, ist das „verschnörkelte Eisengitter", welches dafür steht, dass sich der Junge gezwungen fühlt, zu den Musikstunden zu erscheinen, und, dass das Haus der Lehrerin für diese Stunde für ihn zu einem Gefängnis wird.

Trotz oder gerade wegen der knapp gefassten Sätze fällt die Brisanz der Sprache auf, die wesentlich zum Aufbau der Spannung beiträgt.

Die Knappheit der Sprache spricht für eine Einordnung zur Gattung der Kurzgeschichte, da dies typisch für eine solche Art der Erzählung ist. Auch die Kürze des Umfangs deutet darauf hin, dass eine Kurzgeschichte vorliegt. Die Thematik des Textes ist ein kurzer Ausschnitt aus dem alltäglichen Leben der beiden Protagonisten, nämlich der Weg zur bzw. die Vorbereitung auf die bevorstehende Klavierstunde. Dies ist ebenfalls ein Merkmal einer Kurzgeschichte.

Die Struktur der Erzählung betrachtend, fällt auf, dass die Handlung wie für Kurzgeschichten typisch unvermittelt beginnt: „Das hatte jetzt alles keine Bedeutung [...]". Der Leser wird sofort in den inneren Monolog des Jungen eingeblendet. Ferner gibt es einen klar festzustellenden Höhepunkt, welcher sich beim Aufeinandertreffen von Schüler und Lehrerin befindet; bis zu diesem Punkt steigert sich die Handlung: „Kopfschmerzen, unerträgliche. Wegschicken. Widerlicher kleiner Kerl. – Die Mappe loswerden, nicht hingehen. Widerliche alte Tante" und danach fällt die Spannung ab, was ebenfalls für eine Kurzgeschichte spricht.

Da man nicht erfährt, wie die Klavierstunde verläuft, und ob sich die Protagonisten eventuell in Zukunft oder noch im Laufe der begonnen Stunde dazu durchringen, den Klavierunterricht abzusetzen, kann man sagen, dass ein offenes Ende vorliegt, was ein weiteres Strukturmerkmal der Kurzgeschichte ist.

Allerdings ist der Höhepunkt nicht auch zugleich Wendepunkt, denn die Protagonisten ändern weder ihr Verhalten noch ihre Einstellung im Verlauf der Erzählung. Dies ist allerdings auch der einzige Aspekt, der nicht völlig mit den Merkmalen einer Kurzgeschichte übereinstimmt.

Ansonsten deuten die Knappheit der sprachlichen Gestaltung, der Umfang des Textes, die geschilderte alltägliche Begebenheit, der abrupte Beginn sowie das offene Ende und der Höhepunkt daraufhin, dass es sich bei „Die Klavierstunde" von Gabriele Wohmann um eine Kurzgeschichte handelt.